Norrey

Près Caen (Calvados)

ET SON HISTOIRE

— Auguste Edline —

CURÉ DE TOUR

SAINT-AMAND

SOCIÉTÉ ANONYME DE L'IMPRIMERIE SAINT-JOSEPH

89, Rue du Pont-du-Cher, 89

1896

NORREY
ET SON HISTOIRE

Norrey

Près Caen (Calvados)

ET SON HISTOIRE

— Auguste Edline —

CURÉ DE TOUR

SAINT-AMAND

SOCIÉTÉ ANONYME DE L'IMPRIMERIE SAINT-JOSEPH

89, Rue du Pont-du-Cher, 89

1896

PRÉFACE

Dernièrement j'ai reçu la visite d'un jeune architecte anglais qui, mû, comme bon nombre de ses concitoyens, par l'amour de l'art et du beau, faisait une excursion en Normandie. « Il y a quinze ans, me dit-il, je
« suis venu en France, avec mon père, et j'ai
« longuement étudié dans ce premier voyage
« la belle et ravissante église de Norrey, où
« vous étiez recteur. Les explications que
« vous nous donnâtes alors sont restées gra-
« vées dans ma mémoire. Toutefois, j'ai
« voulu, en revenant dans votre riant pays,
« vous revoir et vous demander de nouveaux
« renseignements sur votre ancienne rési-
« dence. Comment se fait-il, ajouta-t-il aussi-
« tôt, qu'un édifice d'une délicatesse archi-
« tecturale aussi parfaite se trouve ainsi jeté
« dans un si petit village? Déjà on a publié,

« dans un journal de Londres (1), un trait
« historique que vous aviez raconté à l'un de
« ses rédacteurs. Ce n'était qu'une légende et
« dès lors quelque chose d'insuffisant pour
« expliquer l'origine d'un si ravissant monu-
« ment. Je vous en conjure, permettez-moi
« de vous supplier d'écrire l'histoire com-
« plète de cette église qui m'a si vivement
« intéressé et sur laquelle je désire moi-
« même publier des articles nombreux et
« détaillés dans une revue scientifique. »

Pouvais-je ne pas accéder à un vœu aussi
légitime et ne pas employer mes moments
de liberté et mes soirées d'hiver à la réalisation d'un tel souhait formé par cette connaissance d'outre-mer ? Je promis donc, et je me
mets dès aujourd'hui, avec joie, à une œuvre
devenue d'autant plus facile que Monsieur
l'abbé Tolmer, mon aimable successeur,
consent à me communiquer les vieux par-
chemins de la Fabrique, dont je puis avoir
besoin.

Toutefois, je ne dois pas laisser cette petite
étude uniquement à l'Angleterre. Etant

(1) *The building news and engineering journal*. Vol. LI. —
N° 1659. Friday, october 22, 1886.

imprimée, elle pourra, j'en suis persuadé, servir utilement au voyageur qui fait une halte entre Caen et Bayeux pour visiter cette jolie église, signalée dans tous les guides. Peut-être aussi fera-t-elle connaître le monument à nombre de Normands eux-mêmes qui ne l'ont jamais remarqué, quoiqu'il mérite, à juste titre, d'attirer l'attention de tous ceux qui ont quelque peu le goût du vraiment beau.

NORREY

Et son Histoire.

I

Nom et origine de la paroisse.

En parcourant les différents manuscrits mis à
ma disposition, je vois tantôt Noré et Nourei,
tantôt Noroi ou enfin, après le xvie siècle,
Norrey désigner la paroisse dont j'entreprends
l'histoire.

Serait-il téméraire d'avancer que ce nom
diversement écrit vient du mot anglais
« Norroy », qui signifie héraut d'armes? Je ne
le pense pas. Et, en effet, il est avéré, n'est-il
pas vrai, que les ducs de Normandie avaient,
comme résidences personnelles, les châteaux-
forts de Falaise et de Caen? Or, deux villages,
situés à douze kilomètres environ de chacune de
ces villes, portent le même nom, après avoir
servi, dit-on, de villégiature aux hérauts de ces

seigneurs. Et nous savons, par ailleurs, que ces dignitaires de l'armée avaient l'emploi de dresser les armoiries, les généalogies, les preuves de noblesse. A eux encore revenait la charge de publier les tournois ; le droit d'assister aux mariages des princes et aux festins des rois ; le devoir de déposer, dans le tombeau du souverain décédé, les marques de sa dignité. Ils jouissaient enfin du privilège de rendre publiques et officielles les déclarations de guerre, de protéger l'étendard ducal dans les combats, de proclamer les victoires, d'en porter la nouvelle dans les cours étrangères et amies. C'étaient donc des personnages influents, en possession d'un grand nombre de prérogatives, distingués et très souvent comblés de bienfaits insignes par leurs augustes maîtres. Dès lors, il ne me paraît nullement invraisemblable que le pays où ils habitaient ait pu recevoir le nom d'un titre en si grand honneur, lorsqu'on considère surtout que de tels hommes devenaient nécessairement les plus riches et les principaux propriétaires de la contrée.

Quoi qu'il en soit de cette assertion, il est indubitable que la paroisse remonte à une très haute antiquité (1) et fut, dès son origine, placée

---

(1) Une voie romaine appelée « chemin haussé » ou « route de Guillaume » traverse la commune, en passant à l'est de l'église.

sous le vocable de la Très Sainte Vierge Marie (1).
Nous avons en outre des preuves assez convain-
cantes d'une visite qu'y fit saint Ouen, pendant
sa tournée pastorale dans les diocèses suffra-
gants de sa métropole. La chronique nous
rapporte en effet que, sur la prière de Hervin,
abbé de Nanteuil (2), le pieux archevêque de
Rouen transporta, avec l'autorisation du roi
Thierry III, le corps de saint Marcouf dans la
maison royale de Corbeny (680). Or, en passant
avec son précieux fardeau, il aurait laissé à
Norrey un des ossements du bienheureux et y
aurait aussi exercé son zèle si connu pour
l'édification des monuments religieux, en or-
donnant d'élever à ses frais un oratoire plus
convenable que celui existant alors. Ce qui nous
paraît confirmer ce fait est un titre faisant
remonter à l'époque du roi Thierry III et du
pape saint Léon II l'autorisation, obtenue par le
saint archevêque, d'invoquer saint Marcouf
comme « second patron du lieu ».

La relique, brûlée dans la suite, en 1562, par
la fureur des Calvinistes, avait été l'origine
d'un premier pèlerinage longtemps suivi. Actuellement encore, on voit de pieuses femmes

---

(1) M. de Caumont a prétendu, par erreur, qu'elle était sous
l'invocation de sainte Barbe. (*Statistique monumentale*, t. I, p. 277.
(2) Monastère au diocèse de Coutances, fondé par saint Marcouf.

s'agenouiller quelquefois aux pieds d'une vieille statue du temps, dernier vestige du passé, et implorer les suffrages du bienheureux auprès de Dieu, afin d'obtenir la guérison des écrouelles ou autres maladies de peau de leurs petits enfants. Ce n'est plus qu'un écho lointain et bien affaibli des manifestations et de la confiance des siècles écoulés. La brutale révolution de 1793 a su, là comme en tant de choses, compléter presque entièrement l'œuvre, déjà si néfaste, commencée par la déplorable réforme de Calvin. Toutefois, saint Marcouf a toujours son autel dans l'église, et la population aime sans cesse à le fêter avec entrain et bonheur le premier dimanche du mois de mai de chaque année.

Saint-Ouen semblait avoir pris à tâche, avons-nous dit, la construction d'un nouvel oratoire ; mais la mort vint l'empêcher de mener à bonne fin la réalisation de son charitable projet. Peut-être ce noble dessein ne se fût-il jamais réalisé si Rollon, duc de Normandie, n'en eût eu connaissance peu de temps après sa conversion et ne se fût fait un devoir sacré d'entrer dans les vues du saint archevêque en plaçant dans ce but (918) tout le territoire de Norrey sous la tutelle du monastère de Saint-Ouen, de Rouen. Ce don se trouve consigné dans l'acte qui accorde aux religieux de cette abbaye les terres situées entre Darnetal et Rouen (1). Les moines devenus titulaires de la paroisse, en confièrent l'administration spirituelle aux prêtres chargés de la desserte de Rots, commune voisine, très importante et de leur ressort. Ils se hâtèrent en outre de continuer l'œuvre du vénérable métropolitain en faisant poursuivre activement les travaux demeurés en suspens. Bientôt ils purent voir s'achever le monument qui, n'étant primitivement destiné, en quelque sorte, qu'à abriter la relique de saint Marcouf, présentait plutôt les dimensions resserrées d'une chapelle romane que la forme plus imposante d'une église.

L'édifice ne tarda pas à devenir trop étroit pour recevoir les pèlerinages de plus en plus fréquents et nombreux qui se succédaient. Aussi y ajouta-t-on la nef spacieuse qui existe actuellement et qui offre les caractères d'un beau roman de transition. On allait même compléter cet agrandissement et développer les

---

(1) Cette générosité fut faite par suite d'un vœu : Rollon, en effet, devenu chrétien, désira ardemment que les reliques de saint Ouen fussent restituées à la métropole. Sa demande ayant été exaucée, les principaux ecclésiastiques et seigneurs normands allèrent les chercher à Paris et les portèrent solennellement jusqu'à Darnetal. Là, le corps devint tellement lourd qu'il fut impossible de le lever. Le duc, averti d'un fait aussi extraordinaire, vint couvert d'un habit de bure, tête et pieds nus, supplier le saint de ne pas priver sa ville de sa présence, promettant aussitôt par serment de donner à l'église archiépiscopale toutes les terres situées entre Rouen et Darnetal. Immédiatement la châsse reprit son état naturel et put **être transportée dans la cité.**

proportions du chœur, lorsque la voix si éloquente de Pierre l'Ermite se fit entendre à l'Europe entière, par les ordres du grand Pape Urbain II. Les travaux furent aussitôt suspendus.

Les nobles seigneurs, comme nous le savons, prirent les insignes de Croisés. Robert II, duc de Normandie, accompagné d'un prêtre originaire de Norrey, dont nous ignorons malheureusement le nom, partit aussi pour la délivrance des Lieux-Saints, ayant à sa suite une troupe de braves, précédés des hérauts d'armes. Nous connaissons l'histoire de cette glorieuse campagne à la fin de laquelle Godefroy de Bouillon reçut la couronne de Jérusalem ; et les différents chefs, des principautés dans les villes voisines.

L'ecclésiastique et le héraut de la paroisse, appelé John Dryland (1), avaient noblement accompli leurs devoirs, courageusement protégé l'étendard à la bataille de Dorylée (1097), comme dans les multiples combats survenus à la suite ; et non moins fièrement porté le drapeau en entrant dans les villes de Nicée, d'Edesse (1097), d'Antioche (1098) et de Jérusalem (1099). Aussi, en récompense de leur bravoure, outre des

---

(1) En 1438, nous retrouvons dans les archives, comme habitant la commune, un nommé James Dryland.

honneurs mondains, ils obtinrent comme présent spécial, en 1100, quelques cheveux de la Vierge (1). Heureux de posséder un trésor si précieux, grâce à la protection de leur puissant seigneur-duc, ils furent jaloux de déposer, dès leur retour, ces insignes et rares reliques, dans leur chère église paroissiale.

Bientôt la nouvelle d'une telle richesse se répand de toutes parts; les fidèles affluent; les pèlerins se succèdent; et les dons des chrétiens se multiplient avec un enthousiasme tel que les religieux de Saint-Ouen doivent songer à élever un temple plus somptueux et plus imposant à la gloire de la sainte Mère de l'Homme-Dieu.

---

(1) Certains érudits ont supposé, à cause des relations qui existaient entre Norrey et Saint-Ouen de Rouen, que ces cheveux de la Vierge n'étaient autres que ceux apportés à saint Anselme et à l'Abbaye ; mais les notes qui m'ont été fournies semblent appuyer sérieusement mon récit, sans toutefois, je l'avoue, lui donner une certitude absolue.

II

Légende.

Ici se dresse une légende gravée dans le
souvenir de la population, transmise de générations en générations, et que nous devons nécessairement raconter (1).

Les moines, pour l'exécution de l'œuvre pro-
jetée, s'adressèrent à un architecte célèbre qui
jetait alors, par les ordres de l'Abbaye royale
de Saint-Etienne de Caen, les fondations d'un
élégant clocher à Bretteville-l'Argileuse, et lui
demandèrent un de ses élèves.

Le jeune homme choisi était un pauvre
orphelin, recueilli autrefois par l'ingénieur.
Admis, dès sa plus tendre jeunesse, dans la
demeure hospitalière du maître, l'enfant avait
partagé la vie intime de la famille et grandi
avec la fille unique de son bienfaiteur ; aussi son
rêve de vingt-deux ans était-il de voir son exis-

(1) Cette tradition a été narrée d'une manière ravissante par
M. Georges Lavallée, dans un charmant petit volume intitulé : *Le
Maître de l'Œuvre de Norrey*. Une nouvelle édition, illustrée
par M. Magron, a paru l'année dernière. (M. Mendel, édit., 118, rue
d'Assas, Paris).

tence unie à celle de sa compagne d'enfance.
Bien faits l'un pour l'autre d'ailleurs, ces deux
cœurs s'étaient voués une affection mutuelle et
durable. Déjà, à plusieurs reprises, ils s'en
étaient timidement ouverts au vieux père.
« Soit, leur fut-il dit un jour; soit! je consen-
« tirai à votre désir ; mais à une condition : je
« veux auparavant que toi, devenu mon com-
« pagnon de travail, tu produises une œuvre
« digne de ton maître. L'occasion se présente et
« je te juge seul capable de réaliser la pensée
« des religieux de Rouen. Va donc à Norrey et,
« dans cinq ans, je verrai par moi-même si tu
« dois posséder celle que je te destine et que
« tu aimes. D'ici-là, reste constamment à ton
« poste. »

Comblé de joie en recevant ce consentement
tant désiré, ravi d'allégresse pour la confiance
qui lui est témoignée, l'heureux élu tombe à
genoux, implore le Seigneur et demande la
bénédiction du vieillard. Puis, au moment de
partir, il s'écrie avec l'élan d'une âme qui a
conscience de sa valeur : « Oh ! oui, dans cinq
« ans, vous serez, je l'espère, content de moi
« et heureux de me nommer votre fils, en pla-
« çant dans ma main la main de ma sœur
« d'adoption. »

. . . .

Pendant quelques semaines le jeune artiste

reste pensif et recueilli en face du reliquaire venu de Jérusalem. Il puise là, avec les élans d'une foi vive, l'inspiration qui sait engendrer le génie. Enfin un sourire de satisfaction et de triomphe illumine son beau visage. Le plan est conçu. Aussitôt il se lève, réunit les nombreux ouvriers venus de tous côtés pour concourir, par leur labeur gratuit, aux ouvrages projetés. Hommes, femmes, enfants, réclamant uniquement, comme salaire de la journée, la nourriture quotidienne de la famille, se pressent autour de lui pour connaître ses volontés et les accomplir. Aussi, tandis que des économes de l'Abbaye s'occupent de la subsistance du peuple, il distribue à chacun son travail, ouvre des carrières (1), en fait extraire des blocs de pierre, surveille les charrois, se multiplie en un mot pour l'exécution stricte et ponctuelle de ses ordres, se réservant personnellement le soin des sculptures les plus délicates et les plus difficiles.

L'édifice grandit avec rapidité. Déjà le chœur et le corps carré de la tour sont achevés : la flèche atteint presque à la hauteur de quatre élégants clochetons et va promptement s'achever, lorsque le vieil ingénieur, fidèle à sa parole, vient, après cinq années, contempler les travaux.

---

(1) Ces carrières, qu'on appelle aujourd'hui « les goules », se trouvent de chaque côté de la route qui conduit de Norrey à Saint-Manvieu.

Seul, sans avoir annoncé son arrivée, sans même se faire connaître, il inspecte lentement le monument, l'étudie dans tous ses détails et admire alors, avec ravissement et sans arrière-pensée, la perfection et le fini de ce véritable joyau architectural. Mais tout à coup il songe au clocher que lui-même il a fait construire à Bretteville, et aussitôt un âpre sentiment de jalousie envahit son âme. L'élève a surpassé le maître. Dès lors, la célébrité nécessaire et méritée, qui va s'attacher à ce rival, l'agite et le tourmente. Le malheureux se laisse dominer tout entier par ce vil mouvement d'envie qui croît à mesure que s'étalent sous ses yeux les délicieuses beautés sorties des mains de l'artiste, et arrive à son paroxisme lorsque, aux sommets des échafaudages, il se trouve auprès de son nouvel antagoniste. Celui-ci, heureux d'une visite si longtemps espérée, lui dit avec le sourire du plus pur bonheur : « Eh bien ! mon « père, êtes-vous satisfait de votre enfant ? — « Malheureux ! s'écrie le vieillard enflammé « de fureur, moi... content de toi !... Mais n'est- « ce pas ma gloire que tu me ravis, en éclipsant « ainsi ma renommée et mes œuvres ?..... » Aussitôt, l'œil en feu, il lance le jeune homme dans le vide et y est entraîné lui-même. L'un et l'autre tombent bientôt expirants dans ce petit coin de cimetière que le voyageur peut voir, encore aujourd'hui, entre la route et la nef de l'église, à droite de l'élégant porche du chœur·

Pendant plusieurs jours, une inconsolable jeune fille de vingt-trois ans demeura agenouillée sur les deux tombes creusées à l'endroit même. Folle de douleur et de désespoir, elle s'y laissa lentement mourir de faim, et son corps fut déposé par la foule émue et compatissante dans la fosse de son fiancé. La même pierre sépulcrale devait ainsi recouvrir les dépouilles mortelles des deux amis infortunés.

Le clocher est demeuré jusqu'à ce jour inachevé. Les siècles passés ont hésité sans doute à interpréter la pensée du jeune ingénieur, ou peut-être ont voulu transmettre aux âges futurs l'œuvre dans toute son intégrité. Le peuple a, de son côté, cherché à immortaliser le souvenir d'un si tragique et douloureux événement, en nommant l'une des paroisses voisines : « Bretteville-l'Orgueilleuse », et l'autre : « Norrey-l'Ambitieuse. »

III

**Visite du monument et explication des beautés
architecturales.**

Avant de poursuivre notre étude historique,
parcourons ensemble ce délicieux édifice;
admirons-en rapidement la ravissante archi-
tecture, et efforçons-nous de saisir au passage
la pensée chrétienne qui a inspiré l'ouvrier.

Sans nous arrêter sous le porche qui, malgré
son état actuel de vétusté, permet encore de juger
le génie qui l'a conçu, pénétrons dans le temple
saint (1). Laissant à notre gauche l'autel de
saint Marcouf, en voie de restauration, suivons
le bas-côté qui contourne le chœur et accède
aux chapelles de la Très Sainte Vierge et de
saint Joseph.

Un premier épisode du saint Evangile y est
retracé, dans un bas-relief des plus curieux et
des plus originaux. Hérode, sur son trône, fait
prêter serment à l'un de ses officiers, qui, selon

______

(1) Autrefois, deux portes existaient sous ce porche. Celle de
droite, qui était réservée aux abbés, supérieurs et prieurs de l'Ordre,
c'est-à-dire de l'Abbaye de Rouen, a été maçonnée vers 1740.

l'usage antique en pareille circonstance a la main posée sur sa cuisse, d'égorger tous les enfants, de deux ans et au-dessous, nés à Béthléem et dans les environs (1). On voit immédiatement après les satellites, couverts de cottes de mailles, massacrer les saints Innocents, en les arrachant des mains de leurs mères ou en les transperçant sur leurs seins. Le désespoir prédit par le prophète Jérémie (2) et raconté par l'Evangéliste (3) se trouve imprimé dans les traits et l'attitude de ces femmes infortunées. Plus loin, dans l'arcade suivante, c'est l'adoration des Mages. Marie est assise, ayant entre les bras l'Enfant-Jésus, et, devant elle, se tiennent à genoux les trois rois de l'Orient offrant leurs présents. Enfin, un ange portant dans les plis de son manteau les têtes des pauvres petits êtres égorgés par les ordres du roi de Judée, prend son élan vers le ciel, et reçoit pour l'accomplissement de ce long voyage aide et secours d'un autre esprit céleste qui le pousse par le pied. Pour retrouver la Sainte Famille, après le carnage inutile et barbare qui est dépeint, le touriste doit pénétrer dans la chapelle voisine et contempler l'un des cha-

---

(1) Evangile selon saint Mathieu, chap. II, vers. 16.
(2) JÉRÉMIE, chap. XXXI, vers. 15.
(3) Evangile selon saint Mathieu, chap. II, vers. 18.

piteaux de gauche, afin d'y découvrir la fuite en Egypte.

Cette chapelle, consacrée à la Vierge-Mère et construite à pans coupés, possède une ravissante crédence géminée de l'époque du monument, c'est-à-dire d'un beau style fin treizième siècle, et un autel assez remarquable composé d'une table qui repose sur un massif triangulaire et s'appuie en avant sur trois élégantes colonnettes. L'artiste, pour en dresser le plan, s'est sans doute inspiré de cette parole du roi-prophète (1) : « La pierre rejetée par l'ouvrier est devenue la « pierre angulaire »; pensée admirablement interprétée, en ces termes, par l'apôtre saint Paul (2) : « Vous n'êtes pas des étrangers hors « de leurs demeures; mais des citoyens de la « patrie des saints et des serviteurs de Dieu, « puisque vous êtes édifiés sur le fondement « des apôtres et des prophètes en Jésus-Christ, « qui est la pierre angulaire, sur lequel tout « l'édifice étant posé, s'élève et s'accroît pour « être un saint temple consacré au Seigneur. »

Arrivons maintenant à l'étude de l'abside. Là, se rencontre incontestablement la plus sublime beauté qui n'a jamais été surpassée, même par

(1) Ps. cxvii, vers. 22.

(2) Epitre aux Ephés., chap. ii, vers. 19, 20, 21. — Ce même texte du psaume se trouve encore commenté et appliqué à Notre-Seigneur Jésus-Christ, dans l'Evangile de saint Mathieu, chap. xxi, vers. 42, et dans la première Epitre de saint Pierre, chap. ii, vers. 6, 7, 8.

le ciseau le plus hardi, et que nous devons admirer attentivement au point de vue tant de la finesse du travail que de la pensée qui y domine.

D'une extrémité à l'autre, une admirable guirlande de vigne a été fouillée avec une sûreté, un art et une délicatesse tels que l'œil, en la contemplant, reste en extase. Tout, en effet, semble se détacher du mur ; et le voyageur se plaît à plonger les doigts dans ce mélange si harmonieux de feuilles, de tiges et de grappes. L'artiste a assurément voulu réaliser, en cet endroit, le plus bel effort de son génie, afin de professer hautement sa foi de chrétien envers la divine Eucharistie et ses bienfaisants effets.

La vigne est ici, en effet, l'emblème et le symbole de l'adorable Sacrement de nos autels que Jésus-Christ a inventé dans son amour : 1° pour demeurer corporellement avec nous ; 2° pour continuer parmi nous le sacrifice du Calvaire ; 3° pour servir de nourriture à nos âmes. Or, c'est cette dernière fin de l'institution divine que ce ravissant morceau architectural veut exprimer. Le divin Maître avait prononcé cette parole (1) : « En vérité, en vérité, je vous le « dis : si vous ne mangez la chair du Fils de « l'Homme et si vous ne buvez son sang, vous

____

(1) Evangile selon saint Jean, chap. VI, vers. 54, 55.

« n'aurez pas la vie en vous : mais celui qui
« mange ma chair et boit mon sang a la vie
« éternelle et je le ressusciterai au dernier
« jour. » De ces mots ressort cette pensée : la
nature humaine reçoit comme effets précieux de
la sainte communion : une augmentation de la
vie de la grâce, pour l'âme ; un germe de résur-
rection bienheureuse, pour le corps. Aussi
voyons-nous dans le bas-relief que nous étu-
dions, l'âme représentée à différentes reprises
par une colombe, et le corps par un homme qui,
soit simultanément, soit séparément, viennent
se nourrir aux grappes. Toutefois, comme le
démon a pris à tâche d'entraîner le monde avec
lui en enfer, son rôle infernal doit nécessairement être d'empêcher le banquet eucharistique de produire ses heureux bienfaits ; aussi le
sculpteur a-t-il donné à l'ennemi du genre hu-
main l'aspect tantôt d'un serpent, tantôt d'un
hibou qui s'attaquent l'un et l'autre au cep de la
vigne, afin d'arrêter la sève et d'empêcher le
raisin de mûrir.

Au-dessus, dans les panneaux situés entre les
trois fenêtres du chevet, l'architecte, s'armant de
ces paroles du Psalmiste (1) : « Louez le Sei-

---

(1) Psaume CL, vers. 1, 3, qui, selon Dom Calmet et le Père de
Carrière, s'adresse particulièrement aux prêtres et aux autres ministres du Seigneur, auxquels il appartenait de jouer des divers
instruments dans le temple. Les onze têtes, dont il est question
dans l'alinéa suivant, trouvent donc là très naturellement leur place.

2

« gneur résidant dans son sanctuaire... Louez-le
« au son de la trompette ; louez-le avec l'instru-
« ment à corde et avec la harpe », a personnifié
les différentes sortes de prières des ministres du
Très-Haut : l'oraison mentale, sous la figure
d'un lévite ayant les bras croisés sur la poitrine
et contemplant le ciel ; la prière vocale et le
chant divin, sous l'aspect de deux musiciens,
l'un tenant une guitare et l'autre sonnant du cor.
A leurs pieds le diable, sous la forme de dra-
gon, semble dompté, terrassé et vaincu par la
puissance victorieuse de ces différentes commu-
nications avec le ciel.

Enfin onze têtes, entourées de feuillages et de
fleurs, ont été placées là, pour représenter les
apôtres, premiers prêtres de la nouvelle alliance
établis et consacrés par Jésus pour confection-
ner le Sacrement eucharistique et vaquer au
grand devoir de la prière publique et privée.
Une place reste vacante, assurément à dessein,
afin de rappeler le crime et la trahison de Judas.

La chapelle, dédiée à saint Joseph (1), qui se
visite ensuite, est, à peu de chose près, la repro-
duction de celle de la Très Sainte Vierge, dont
nous avons déjà fait la description. Toutefois, à
gauche, en face de la crédence, on aperçoit une

---

(1) Cette chapelle était jadis sous le patronage de saint Sébastien,
et celle de la Sainte Vierge sous celui de saint Côme.

double galerie de têtes, unies entre elles par des fleurs de lys, et l'étranger ne manque jamais de demander ce qu'on a voulu représenter ainsi. Deux mots seulement nous en donneront l'explication.

Les ouvriers, avons-nous dit précédemment, se contentaient, comme prix de leurs sueurs, d'une nourriture quotidienne pour eux et leurs familles ; or, deux religieux, envoyés de Rouen, étaient chargés, pendant six mois environ, de veiller aux besoins des travailleurs. Quelques-uns de ces moines faisaient tous leurs efforts pour contenter le peuple ; aussi se hâtait-on de les immortaliser, en sculptant leurs traits, avec un certain cachet de grâce et de beauté. D'autres, au contraire, se plaisaient à lésiner et à spéculer sur les estomacs (cet usage date de loin chez les économes, comme nous le voyons). Aussitôt on s'en vengeait d'une manière plus spirituelle, plus artistique et plus noble que dans les grèves actuelles, en les caricaturant et en les plaçant tantôt la tête de côté, tantôt le menton en l'air, tantôt encore avec des bouches démesurément ouvertes. On a eu soin, en outre, d'indiquer que tous étaient prêtres en sculptant, auprès d'un chacun, une fleur de lys, symbole du vœu de chasteté, contracté dans l'ordination du sous-diaconat.

Passons auprès de la chapelle de sainte Barbe

et pénétrons dans le chœur, dont l'élégance et la légèreté charment le regard. A droite du maître-autel, à la hauteur environ de la première galerie, se dresse un gracieux cul-de-lampe formé de cinq têtes couronnées. On a voulu punir ainsi, affirme la tradition, les seigneurs de Rots, de Creully, de Lasson, de Saint-Manvieu et de Tilly, qui faisaient une opposition systématique aux religieux, et se montraient hostiles tant aux pèlerinages qu'à l'entreprise et à l'exécution des travaux.

Avant de quitter l'église, allons dans la nef y lire un antique usage du moyen âge, qui a laissé traces dans le monument... On y remarque l'emplacement de deux portes latérales ; celle du midi, appelée « l'entrée d'ignominie », était spécialement réservée soit aux femmes qui avaient négligé de se soumettre à la cérémonie si pieuse et si ancienne des relevailles, soit aux filles infortunées qui ne pouvaient même plus dire avec François Ier : « Tout est perdu, fors l'honneur ! » L'autre, en face, donnait passage à ce qu'on nommait la partie saine de la population. Les philosophes du siècle dernier, ennemis déclarés de toute coutume humiliante et surtout grands admirateurs du théorique principe de l'égalité sociale, se sont hâtés de maçonner ces deux portes et d'en ouvrir une unique, sans cachet et sans style, au fond à l'ouest.

Courons au nord-est extérieur de l'abside pour y découvrir dans un chapiteau personnifiant les trois grandes passions humaines, le commentaire de cette parole de l'apôtre saint Jean (1) : « Si quelqu'un aime le monde, « l'amour du Père céleste n'est pas en lui. Car « tout ce qui est dans le monde est ou concu- « piscence de la chair, ou concupiscence des « yeux, ou orgueil de la vie. Tout cela ne vient « pas de Dieu, mais du monde », qui, selon l'interprétation des Docteurs, nous porte à l'amour des plaisirs, au désir des richesses et à la recherche des honneurs.

Enfin, au-dessus de chacune des chapelles de la Sainte Vierge et de saint Joseph, s'élèvent d'élégantes pyramides. Elles servaient l'une et l'autre de fuies aux pigeons (2) que les religieux de Saint-Ouen possédaient en vertu d'un droit que leur avait accordé la reine Blanche de Castille (3), pendant sa seconde régence, en l'an 1250.

Bornons là cette longue excursion à travers ce charmant musée artistique et chrétien, et reprenons notre notice historique.

______

(1) Epist. de saint Jean, chap. ii, vers. 15, 16.
(2) En 1710, ce droit de colombier, après avoir été longtemps abandonné, fut de nouveau utilisé jusqu'à l'époque de la Révolution.
(3) Mère de saint Louis, roi de France.

IV

Travaux d'entretien, d'embellissement et de restauration.

Les religieux, après la mort si tragique du jeune architecte, se virent forcés d'interrompre les travaux et de placer une charpente en bois sur la flèche commencée. Pendant deux cents ans et plus, l'édifice resta dans cet état, et ce fut seulement vers le commencement du xvie siècle qu'on songea à restaurer la nef, à l'enrichir de sculptures et à la mettre mieux en harmonie avec le chœur. Une belle rosace fut alors ouverte dans le fond de l'église, et l'on se disposait à agrandir toutes les fenêtres et à construire une voûte en pierre, lorsque s'allumèrent les sanglantes guerres de religion. Aussitôt la main sacrilège du protestantisme vint s'emparer des reliques et les jeter dans les flammes (1562). Dès lors la plupart des pèlerins oublièrent le chemin de Norrey, et la population, n'ayant plus désormais, comme richesses, que le souvenir de ses origines, subit la rude nécessité de laisser le temps produire ses terribles ravages et détériorer petit à petit les beautés du monument (1).

Toutefois les habitants, fiers de posséder leur belle église, s'efforcèrent constamment, par tous les moyens en leur pouvoir et même quelquefois par de lourds sacrifices personnels, d'en conjurer la ruine totale. Aussi les voyons-nous s'adresser : en 1642, au cardinal de Richelieu ; en 1688, au cardinal de Bouillon ; en 1731, à Mgr de Saint-Albin, évêque de Cambrai ; en 1746, au cardinal de Gèvres, évêque de Beauvais, tous abbés de Saint-Ouen de Rouen, et alléguer les raisons les plus habiles et les plus persuasives afin d'obtenir quelques secours : « Illustrissime Seigneur-Prince de l'Eglise, di-« sent-ils, dans l'une de leurs suppliques, vous « aimez à semer des bienfaits sans nombre sous « vos pas ; qu'il vous plaise, nous vous en « supplions très humblement, de daigner pré-« lever une modique portion des grands revenus « que produit la totalité des dîmes de Norrey, « qui sont vôtres, en faveur de notre église si « somptueuse en son début, qui a coûté de « construction plus de 200,000 livres, et que « nous redoutons de voir crouler. Nous qui

____

(1) La foudre a, elle aussi, occasionné à plusieurs reprises d'effrayants désastres dans le lieu saint. De mémoire d'homme, elle est tombée cinq fois sur la tour en y faisant toujours de grands dégâts, et il est étonnant qu'on n'ait jamais songé à la protéger par un paratonnerre.

« avons l'honneur de vous appartenir, nous espé-
« rons… » Généralement ces requêtes étaient favo-
rablement accueillies et les ressources qu'elles
produisaient, jointes aux dons et aux impôts des
particuliers, permettaient d'exécuter des travaux
assez importants, tant pour l'entretien que pour
la décoration ou l'ameublement de l'édifice.

C'est ainsi qu'en 1686 on orne le sanctuaire
d'une balustrade en bois artistement sculptée
qui produit l'effet d'une gracieuse grille en fer.
En 1688, on élève une pyramide en chêne,
recouverte d'ardoises, au sommet de la tour.
En 1693, on supprime la charpente visible de
la nef, pour y poser une voûte en sapin. En
1708, on construit un beffroi nouveau pour
supporter trois belles cloches, fondues à Caen
avec le métal des sept moins fortes (1) qui existaient alors. En 1710 et 1711, on est obligé,
pour cause de solidité, de mûrer les fenêtres du
transept, de réparer les colonnes et la voûte des
chapelles saint Côme et saint Sébastien, de tra-
vailler au porche qui se détériore et, en 1714,
de consolider les embrassements du clocher
rempli de crevasses.

Inutile, ce me semble, de poursuivre cette

---

(1) La plus petite de ces sept cloches avait été fondue au milieu du
chœur comme l'indique une vieille inscription gravée ainsi sur l'un
des piliers intérieurs de l'église : CY DEVAT A ESTE FONDVE LA
PETITE CLOQVE.

énumération qui, incontestablement, devien-
drait fastidieuse.

Disons toutefois que l'art et le goût ne prési-
dèrent pas toujours aux travaux d'embellissement qui furent entrepris. La passion des pein-
tures à grands effets jeta, hélas! vers la fin du
siècle dernier et le commencement de celui-ci,
un ton plus ou moins discordant et disgracieux
pour le coup d'œil général. M. Leduc, curé de
Rots, se plut, en effet, vers 1786, à exercer son
soi-disant talent de décorateur, en ornant les
colonnes du chœur de ridicules teintes imagi-
naires d'un granit rouge aux monstrueuses
veines vertes et en donnant aux chapiteaux un
affreux coloris jaune-orange. Le maître-autel lui-
même, placé et béni le 16 août 1788, reçut de
ce terrible pinceau l'aspect de tout un mélange
de marbres des plus extraordinaires et des plus
invraisemblables, sans acquérir cependant la
valeur ou la beauté d'un simple bloc de Carrare,
voire même des marbres d'Arundel. M. Le Bour-
guignon, lui aussi, après avoir vu son prédéces-
seur, M. Guilbert, imprégner tous les murs d'un
grossier badigeon, employa le génie décoratif
d'un pitoyable peintureur de Caen pour dessiner
dans la nef et le pourtour du sanctuaire de
grotesques et épouvantables pots d'hortensias
incontestablement introuvables même au temps
fabuleux des géants.

Grâce à Dieu, cette déplorable manie de barbouillage n'eut qu'un temps, et, en 1850, un homme distingué, admirateur passionné du beau, sembla prendre à tâche de restituer à l'édifice son primitif cachet artistique. M. de Fontanés, en effet, ancien officier supérieur des armées françaises, châtelain et maire de Norrey, commença par faire admettre l'église au nombre des monuments historiques. Il utilisa ensuite ses nombreuses et puissantes relations sociales, harcela même quelquefois l'administration préfectorale pour obtenir des secours de l'Etat, et réussit ainsi à redonner un soubassement complet à toutes les parties endommagées. Malheureusement, le choléra de 1865 enleva en quelques heures ce bienfaiteur insigne du pays et l'arrêta dans la réalisation du plan général qu'il s'était proposé. Toutefois l'élan était donné. Les suaves richesses du monument étaient désormais connues et appréciées. Les sociétés si compétentes des Beaux-Arts de Paris et des Antiquaires de Normandie prirent incontinent la chose en main. Aussi, depuis cette époque, presque chaque année, de grands travaux sont exécutés sous l'active direction de M. de La Rocque, savant et sérieux architecte du gouvernement, qui se fait un devoir strict de restaurer les ruines sans rien innover, et de tout réparer avec une habileté patiente, un goût sûr et une connaissance approfondie de l'art. Bientôt, espérons-le, l'église sera rajeunie, tout en conservant, dans chacun de ses détails, son caractère spécial de finesse et de délicatesse architecturales.

V

Nous ne pouvons passer sous silence certains noms inscrits dans les archives paroissiales et devenus célèbres dans l'histoire des lettres et des sciences. Ce serait assurément une omission impardonnable.

En 1582, les registres relatent le baptême de Jacques-Pierre Lefèbvre, père de Tennegui Lefèbvre (1615-1672), qui conquit une notoriété méritée par ses connaissances approfondies des langues grecque et latine, fut le protégé du cardinal de Richelieu et eut, dans la suite, comme auxiliaire et comme émule, sa fille, l'illustre helléniste, Mme Anne Dacier (1651-1720), dont Boileau faisait si grand cas et que la chronique nous montre comme l'une des plus belles conquêtes de l'éloquent Bossuet. Ce grand orateur sut, en effet, la convaincre par la logique de son raisonnement, et lui faire abjurer le protestantisme pour entrer dans le giron de l'Eglise catholique que son père, le philologue, avait abandonné après la mort du puissant ministre de Louis XIII.

En 1610, on lit encore la naissance de **Jean-Alexandre Varignon** qui, issu d'une famille d'honnêtes cultivateurs de la paroisse, sut, par son labeur et son intelligence, obtenir et remplir avec distinction la charge d'architecte de Caen. Cette ville s'enorgueillit d'avoir vu naître dans ses murs le fils de cet ingénieur (1645-1722), Pierre Varignon (1), géomètre renommé, membre de l'Académie des sciences, de la Société royale de Londres et de l'Académie de Berlin.

Or, si Caen tire gloire d'avoir eu Tennegui Lefèbvre et Pierre Varignon comme enfants ; si Saumur se fait honneur d'être la patrie de la convertie du célèbre évêque de Meaux, pourquoi la petite bourgade de Norrey ne serait-elle pas fière, elle aussi, d'avoir été le berceau de ces familles de travailleurs et de savants ?

---

(1) Une des rues de Caen porte le nom de ce géomètre.

VI

Administration paroissiale.

La paroisse fut favorisée aux jours si mouvementés de la construction de son beau monument et des nombreux pèlerinages qui y affluaient. C'était l'âge d'or pour elle. Plusieurs moines, en effet, y résidaient constamment et habitaient une maison voisine de l'église, appelée actuellement : « La Grange des dîmes. » Mais après les guerres de religion, tout changea de face. L'administration spirituelle fut alors confiée spécialement aux prêtres de Rots, suivant l'institution primitive dont il a été question plus haut. Le pasteur de cette commune portait déjà d'ailleurs depuis longtemps le titre de « curé de Rots et Norrey » ; ce n'était toutefois qu'une qualification purement honorifique, sa prérogative, en effet, consistant uniquement en un droit de simple surveillance et de direction très éloignée. Cet état de choses dura jusqu'à la Révolution. Les fonctions ecclésiastiques étaient spécialement remplies par ses vicaires qui, pour se rendre à Norrey, suivaient un gracieux et poétique sentier nommé aujourd'hui encore :

« Le Chemin de la Haie ès-vicaires. » Ils venaient chaque semaine célébrer l'office dominical, administrer les Sacrements, faire les inhumations, acquitter enfin les messes et obits de fondation.

Les paroissiens avaient donc une messe chaque dimanche. Toutefois, être privé d'un prêtre résidant était pour eux une privation extrêmement pénible et souvent même un inconvénient sérieux. Qu'il suffise, pour s'en convaincre, de signaler le cas où, subitement, au milieu de la nuit, on se trouvait dans la nécessité de courir en chercher un, à cinq kilomètres, pour de pauvres moribonds réclamant son ministère. Aussi le vœu le plus ardent de tous était d'avoir, comme cela existait dans les environs, un ecclésiastique sans cesse à leur disposition. C'était là un rêve certes bien légitime, mais à peu près irréalisable. Norrey, en effet, ne possédait pas de maison curiale et se trouvait dans l'impossibilité d'en acquérir. Ses modiques ressources n'étaient-elles pas, en majeure partie, absorbées par les travaux de l'église? Et les prêtres de Rots, de leur côté, apportaient une opposition puissante et immuable à toute aliénation de leurs droits.

Cependant, à force de démarches persévérantes, de supplications motivées, de prières pressantes, le trésorier Richard, Blouet put obtenir de l'autorité supérieure une priorité en faveur des prêtres originaires de la paroisse. A eux désormais appartiendra, de préférence á tout autre, le pouvoir d'acquitter les obits, à la condition toutefois qu'ils s'engageraient à dire une première messe le dimanche et à résider dans leurs familles.

Ce privilège était une véritable conquête. Aussi, à peine la joyeuse nouvelle en fut-elle publiée que, le jour même, 26 novembre 1707, les paroissiens se réunirent, nommèrent obitier-résidant M. Guillaume Lemaigre, et fondèrent la douce espérance de posséder de longues années le jeune titulaire. Hélas! la mort vint prématurément l'enlever, le 8 janvier 1711, à l'âge de 37 ans. M. Nicolas Lebourgeois, vicaire de Rots, se disposait à entrer en possession des charges anciennes, lorsque la population sollicita et obtint un sursis à sa nomination, jusqu'à ce que Maître Nicolas Lemaigre des Mesnils, clerc minoré, enfant du pays, fût promu au sacerdoce. Là encore se trouva un désappointement. Celui, en effet, vers lequel se tournaient tous les regards, abandonna bientôt la carrière ecclésiastique.

M. Nicolas Lebourgeois, dès lors définitivement nommé vicaire-obitier, mit tout en œuvre pour gagner les bonnes grâces des habitants. Il semblait d'ailleurs aimer Norrey d'une affection sincère, se plaisait à y venir presque chaque jour et exprimait souvent son vif regret de ne pas avoir une demeure pour y habiter continuellement. Cette manière d'agir lui attira promptement l'attachement de tous. Heureux de cette réciprocité de sentiments, le jeune ecclésiastique en profita pour prendre, en 1712, les qualificatifs de « prêtre-vicaire de Norrey, remplissant les fonctions curiales », et osa même, en 1720, signer un jour : « vicaire perpétuel. »

C'était trop. Cet accaparement fut loin d'être goûté par M. François Leture, curé de Rots. Ce prêtre, tout enflé de sa dignité, s'irrita d'une telle audace de la part de son vicaire, protesta avec une énergie quelque peu scandaleuse et déclara en chaire qu'il poursuivrait cette odieuse usurpation comme « chose fausse, inique et contraire à toute vérité. » La menace fut vite mise à exécution, et, le 23 août suivant, le malheureux obitier fut suspendu pendant sept années de toute fonction et privé de tout pouvoir.

Les paroissiens pleurèrent son départ et nommèrent, en attendant son retour, M. Nicolas Lefèbvre, enfant du pays, comme obitier-résidant (27 décembre 1722).

Pendant les longues journées de sa pénitence, M. Nicolas Lebourgeois employa habilement son temps, mena une campagne en règle contre son persécuteur, et, le 15 septembre 1728, la suspense étant levée; il rentra dans son poste, grâce à la haute protection, qu'il avait su se ménager, de M. Durand, grand-vicaire et official de Mgr l'Archevêque de Cambrai. Il prit alors modestement le titre de « commis pour la desserte de Norrey », après avoir pu toutefois obtenir adroitement de M. de Grainville, vicaire général et official de Rots, une sentence d'interdit contre son propre curé.

C'était folie à lui! Car il devait connaître ce vers de La Fontaine :

La raison du plus fort est toujours la meilleure.

M. Leture reparut, en effet, le 1er avril 1731, s'arma de tous ses titres qu'il énumère lui-même ainsi dans un acte : « François Leture, prêtre, « professeur honoraire et émérite de belles « lettres à l'Université de Caen, licencié en « droit, chanoine de l'église cathédrale de « Lisieux, curé des paroisses de Rots et Norrey », et fit expulser, par l'autorité compétente, son belliqueux et maladroit adversaire.

Le pauvre proscrit! Assis sur ses déceptions, comme autrefois un illustre héros sur les ruines de Carthage, il put méditer, à loisir, sur la fragilité des protections humaines et la vanité des grandeurs d'ici-bas.

Mûri par l'âge et les événements, M. Nicolas Lebourgeois sollicita humblement son pardon et, sur les demandes réitérées de ses amis de Norrey, fut réintégré dans son ancienne situation, après sept ans d'exil. Sans doute, il avait été inexpérimenté et présomptueux : mais M. Leture, de son côté, était loin d'avoir eu un esprit conciliateur et un tact parfait. Son caractère au contraire était incontestablement altier, épilogueur, taquin et souvent même intraitable. Qu'il suffise de signaler, pour s'en rendre compte, la malice avec laquelle il consigna sur le registre, en 1738, un oubli involontaire chez l'obitier d'inscrire le nom d'un enfant décédé la veille, en ajoutant méchamment que « s'il a « omis de remplir son devoir, il n'a certes pas « négligé de percevoir la rétribution due au « titre de curé (1). » Le vicaire subit avec résignation et en silence cette mesquine réprimande et s'efforça jusqu'à sa mort (1743) d'éviter toute occasion de conflit.

Le village avait été gâté par M. Lebourgeois qui s'y plaisait, y séjournait le plus longtemps possible (probablement pour éviter les ennuis

(1) Une note, insérée dans les archives et signée par plusieurs personnes notables, établit la fausseté de cette double accusation.

d'un tête-à-tête prolongé et peu agréable avec son supérieur hiérarchique). L'administration des successeurs fut tout autre. M. Jacques Quesnel spécialement se montra très négligent pour la célébration des offices, l'annonce des obits et l'acquit des fondations. En 1745, on se permit de lui en faire des reproches. Les paroissiens, désolés de voir ces gémissements méprisés, s'imposèrent, en 1749, un lourd sacrifice et firent construire au-dessus de la sacristie une chambre avec cheminée et escalier spécial. Ils espéraient ainsi enlever toute excuse et gagner l'amitié de l'obitier. Ce fut peine inutile. Le vicaire, en effet, certain de l'appui de son frère, nouvellement nommé curé de Rots, continuait à négliger la desserte de l'annexe.

La population, exaspérée, adressa en 1752 des plaintes assez vives contre l'inexactitude des ecclésiastiques, et, en 1755, envoya une protestation en forme au seigneur-abbé de Saint-Ouen. « A cent reprises différentes, dit-on, nous
« avons demandé aux prêtres de Rots la régu-
« larité pour les offices divins; nous avons
« même fait placer à cette fin, l'année dernière,
« dans le clocher une grosse horloge qui frappe
« l'heure sur la plus forte cloche. Et malgré
« cela, malgré tous les règlements, malgré
« enfin la présence dans l'église de tous les
« fidèles aux moments fixés, jamais la grand'

« messe ne commence avant onze heures ; ce
« qui n'empéche pas le célébrant de rester des
« temps démesurés dans la chaire, aux grands
« déplaisir et ennui de tous les auditeurs... »

Le coup avait porté. Quelques semaines après
M. Louis Lemarchand était envoyé avec ordre
d'habiter la chambre de la sacristie et de
demeurer dans la commune. A sa mort (1766)
M. Georges Tronchon sollicita les suffrages des
habitants et fut accueilli avec joie et recon-
naissance comme obitier-résidant.

VII

Époque de la Révolution.

La paroisse voyait donc avec bonheur l'accomplissement d'un souhait longtemps irréalisé. Elle avait son prêtre et, avec lui, des cérémonies régulières auxquelles tous les fidèles se faisaient un devoir sacré d'assister.

Vers la fin du xviiie siècle, cependant, un souffle d'impiété sembla envahir le pays, et quatre jeunes gens, peu soucieux de suivre les traces de leurs ancêtres, se laissèrent endoctriner et pervertir par un nommé Loisel, tout imbu des déplorables principes émis par le hideux Voltaire. Le corrupteur, venu on ne sait d'où, sut flatter les mauvais penchants de ces pauvres adolescents, semer dans leurs âmes le germe de l'athéisme et s'emparer enfin, avec eux, de l'administration municipale, lorsqu'éclata, en France, la tourmente révolutionnaire. Doué d'un certain bon sens et d'une énergie tenace, le chef de file se rendit promptement compte de l'esprit paroissial des habitants et se promit de l'utiliser pour républicaniser la contrée qu'il trouvait « honteusement arriérée. »

Son premier acte d'autorité fut d'enjoindre à M. Leduc, curé de Rots, de remettre entre ses mains les clefs de l'église, de la tour et de la sacristie. Puis, lorsque parut le décret de l'Assemblée Constituante (27 septembre 1790) imposant aux prêtres le serment civique sous peine d'être privés du droit d'exercer publiquement les fonctions ecclésiastiques, il ordonna immédiatement à M. Guillaume-Robert Duthrône, ex-prémontré de l'Abbaye de Mondaye, successeur de M. Désillons de Rots, obitier, de se soumettre à la loi.

Pris à l'improviste et, comme tant d'autres, ne voyant pas toute la portée de l'acte exigé, il jura fidélité à la Constitution. Mais, bientôt éclairé par des confrères plus perspicaces et plus expérimentés, ce digne fils de saint Norbert (1) demanda, quelques semaines plus tard, hautement et publiquement pardon du scandale qu'il avait donné et déclara en pleurant que jamais il n'eût permis, avec connaissance de cause, à ses lèvres de prendre un engagement contraire à sa conscience. Puis fermement et solennellement il rétracta son malheureux jurement.

Destitué, par le fait même, de tous ses titres,

____

(1) Saint Norbert, fondateur de l'Ordre des Chanoines réguliers **Prémontrés.**

il vit l'église fermée pour lui et fut obligé de réunir les fidèles pour les offices divins, tantôt dans la chapelle ou dans une chambre du château, tantôt dans la demeure de M. des Mesnils.

Loisel, heureux d'un tel revirement chez l'obitier, s'empressa de solliciter l'envoi d'un curé constitutionnel et reçut bientôt avis de la nomination du sieur Jean-François Folin, de Sainte-Marguerite-des-Loges. Il se hâta d'annoncer cette bonne nouvelle à ses administrés, avec recommandations pressantes d'accueillir gracieusement le titulaire assermenté envoyé avec ordre de résider dans la paroisse. Grandes furent sa déception et sa colère, lorsqu'il vit celui, sur lequel reposaient tous ses plans de campagne, hué par tout le peuple et honteusement chassé.

Ne mettant dès lors plus de bornes à sa haine, il se vanta de promptement anéantir « les déplo-« rables préjugés de ces stupides paysans « imbus de ridicules superstitions. » Il brisa d'abord, pour obéir aux volontés du gouvernement, les fleurs de lys et les armes d'un évêque, qui ornaient le sommet des balustrades du sanctuaire. C'étaient à ses yeux des emblêmes séditieux rappelant la royauté. Il s'empara ensuite des deux plus grosses cloches et les fit transporter dans la cour de la « ci-devant « abbaye de Saint-Etienne de Caen. » Il voulut enfin doter la commune d'un arbre de la liberté, « symbole de l'affranchissement du monde », et s'efforça de donner à la cérémonie de plantation un éclat particulier, en y convoquant tout ce que les environs avaient de gens vils et méprisables. Or, tandis que cette ignoble populace prolongeait dans la nuit l'orgie de la fête, un brave et intrépide garçon « Jean Blot, « s'arma d'une hache et abattit d'un coup le « peuplier, planté le matin dans le petit cime- « tière, comme preuve du relèvement de la « nation. »

Bientôt (29 novembre 1791) l'Assemblée législative porta un second décret forçant le clergé à prêter de nouveau serment de fidélité à la Constitution, sous peine de détention. Loisel réunit aussitôt le peuple « dans le temple du culte », au son de la petite cloche (1), et y traîna l'ex-obitier, avec commandement rigoureux d'obéir sur-le-champ à l'ordonnance : « Citoyen Duthrône, ci-devant prêtre jureur et « ensuite réfractaire, lui dit-il, jure immédiate- « ment soumission à la loi. » L'ecclésiastique monta en chaire. Après quelques mots sur l'union qui, en vertu de l'institution divine, doit exister entre le Pape et les fidèles, il fit le signe de la croix et prononça ces paroles d'une

(1) La seule qui restât et qui fut refondue en 1819.

voix mâle et assurée : « Moi, Guillaume-Robert
« Duthrône, en présence du Dieu tout-puissant
« qui me jugera, je déclare librement et haute-
« ment que, comme mes pères, je professe et
« professerai, jusqu'à mon dernier soupir,
« moyennant la grâce du Seigneur, le culte
« catholique, apostolique et romain. » A ces
mots, toute l'assistance entoura avec respect le
courageux confesseur de la foi et prit l'engagement de le mettre à l'abri contre les poursuites
des persécuteurs.

Le citoyen Loisel, de son côté, l'œil en feu et
la menace sur les lèvres, se hâta de fermer la
porte du temple et d'y placer cette inscription : « Au ci-devant Dieu. » Puis, véritable
énergumène, il enleva le calice (1) et les orne-
ments sacerdotaux pour les porter à Caen.
Enfin il fit horreur à la population en essayant
de célébrer (1793) la fête de la déesse Raison, en
déposant, le jour même, le buste de l'ignoble
Marat sur l'autel de la Vierge, et en convertis-
sant enfin l'église en dépôt pour abriter les
grains prélevés par l'Etat.

Lorsque la Convention nationale eut décrété,
le 17 décembre 1793, la loi des suspects, ce fut
une véritable chasse à l'homme contre le saint

---

(1) Ce calice avait été volé autrefois, dans la nuit du 11 au 12 septembre 1663, par un nommé François Lair, de Livry, qui, condamné
pour ce fait, fut exécuté à Bayeux en mars 1664.

obitier. Les paroissiens, terrorisés, n'osèrent s'exposer à une dénonciation et laissèrent le pauvre prêtre se dérober, comme il put, à la recherche des émissaires de la Révolution. On comprend facilement que dès lors le digne ecclésiastique vécut uniquement de privations et de souffrances. Fuyant de tous côtés, couchant tantôt dans un grenier, tantôt dans une grange abandonnée, tantôt dans un fossé, l'infortuné sentit bientôt ses forces diminuer, et, miné par la misère, il expira saintement quelques semaines après en prononçant ces mots : « Je crois à la sainte Eglise catholique. »

Thiers a dit, dans son *Histoire de la Révolution française* (tome I, chapitre v) : « Quelques « évêques et quelques curés prêtèrent le ser- « ment. Le plus grand nombre résista avec une « feinte modération et un attachement apparent « à ses principes. » Qu'il me soit permis de placer ici, en face de cette assertion mensongère, la conduite de ce prêtre vénérable qui sut obéir jusqu'à la mort aux inspirations de sa conscience. Et d'ailleurs, n'est-ce pas la gloire du sacerdoce français d'avoir, en si grand nombre, subi les rigueurs de l'exil, affronté la fureur des satellites de Robespierre, ou enfin enduré toutes les terreurs de la loi des suspects, plutôt que de mentir à leurs devoirs ? Thiers, dit-on, est impartial dans son histoire. C'est une erreur ! On sent en effet, en le lisant, l'homme sans l'ombre d'une conviction religieuse, pour ne rien dire de plus. Non, Dieu merci ! le clergé n'était pas tel qu'il se plaît à le montrer, autrement un schisme épouvantable eût incontestablement ravagé notre chère France, comme celui qui a jadis envahi l'Angleterre aux jours si néfastes du voluptueux Henri VIII.

VIII

M. Désillons, de Rots, ancien obitier, rentra dans sa patrie en 1797 et fixa son domicile à Norrey, pour y remplir ses anciennes fonctions.

Le citoyen Loisel, déchu vers la même époque de sa dignité de maire, mourut subitement, cinq années plus tard, le blasphème sur les lèvres, à l'âge de quarante-deux ans, ne laissant ni postérité, ni famille. Son corps, objet d'horreur et de dégoût, fut descendu dans la tombe par deux de ses plus acharnés compagnons de désordres, qui, pour exécuter les volontés formelles de leur triste associé, refusèrent, dans la circonstance, l'assistance du prêtre et les dernières bénédictions de l'Eglise.

La commune de Norrey cessa, en novembre 1802, d'être l'annexe de Rots. Elle fut alors érigée en succursale, du ressort de l'évêché de Bayeux.

Son premier curé, M. Marie, signa pendant

deux ans : « Prêtre approuvé. » A sa mort
(avril 1804), M. Hébert quitta son poste de
desservant du Mesnil-Patry, paroisse qui alors
fut réunie à Norrey, et vint habiter dans le
village. Décédé dix mois après, il eut pour
successeur M. Guilbert (septembre 1805). Ce
prêtre, d'un tempérament robuste, avait bravé
les dures fatigues de l'émigration. Pendant sa
longue administration, tous ses efforts tendirent
à l'acquisition des objets les plus indispensables
au culte, et les habitants, fatigués de payer,
chaque année, une indemnité de logement au
prêtre, achetèrent le presbytère actuel (1825).
Mort en 1838, M. Guilbert eut pour remplaçant
M. Lebourguignon qui, trois ans après, retourna
dans le Bocage, son pays natal.

M. Marin Huet, originaire du Lion-d'Angers
(Maine-et-Loire), prit possession de la desserte
en 1842. D'une piété exemplaire, d'une intelligence remarquable, ami passionné du beau, le
nouveau curé mit tout en œuvre pour seconder
les nobles projets de M. de Fontanés et concourir à la restauration de sa belle et chère
église. Son zèle, son dévouement et son affabi-
lité lui conquirent à tel point l'affection de son
troupeau, que sa mort (1877) fut un deuil
indescriptible dans la paroisse. Son successeur, M. Edline, après onze années de séjour
(1878-1889), céda sa place à M. l'abbé Tol-

mer, le jeune et aimable pasteur actuel, **qui** s'efforce avec prudence, finesse et habileté, de faire poursuivre et mener à bonne fin **la** restauration commencée sous ses prédécesseurs.

IX

Liste des vicaires-obitiers et obitiers-titulaires.

1630. M. Michel Gilbert, vicaire-obitier.
1634. M. Thomas Lecornu, id.
1636. M. Jean Regnault, id.
1660. M. Pierre Gibert, id.
1680. M. Jean Rocques, id.
1700. M. Joseph Letéel, id.
1707. M. Guillaume Lemaigre, obitier-titulaire-résidant.
1711. M. Nicolas Lebourgeois, vicaire-obitier.
1720. M. Guillaume Gombault, id.
1722. M. Nicolas Lffèbvre, obitier-titulaire-résidant.
1727. M. Lerendu, vicaire-obitier.
1728. M. Nicolas Lebourgeois, id.
1732. M. Laignel de la Londe, id.
1738. M. Nicolas Lebourgeois, id.
1743. M. Tostain, id.
1744. M. O Brien, id.
— M. Jacques Quesnel, id.
1755. M. Louis Lemarchand, obitier-résidant jusqu'en 1766
1756. M. Helain, vicaire-obitier.
1758. M. Burel, id.
1760. M. Philippe, id.
1761. M. Le Révérend, id.

1766. M. Georges Tronchon, obitier-résidant jusqu'à
la Révolution.
1769. M. Philippe, vicaire-obitier.
1779. M. Marie,   id.
1780. M. Janin,   id.
1784. M. Simon,   id.
1785. M. Marie,   id.
1789. M. Le Sauvage,   id.
1790. M. Desillons,   id.
— M. Guillaume Duthrone, obitier-résidant jusqu'en 1794.
1797. M. Désillons, obitier-résidant jusqu'en 1802.

X

Liste des curés.

1802. M. Marie.
1804. M. Hébert.
1805. M. Guilbert.
1839. M. Lebourguignon.
1842. M. Marin Huet.
1878. M. Auguste Edline.
1889. M. Jules Tolmer.

Liste des trésoriers jusqu'à la Révolution

1438. M. Jehan de La Rivière.
1459. M. Jehan Varasseney.
1468. M. Pierre Varignon.
1481. M. Jean Lepicard.
1500. M. Etienne Lefèbvre.
1503. M. Sébastien Blouet des Longs-Champs.
1529 M. Mathieu Lepicard.
1540. M. Thomas Saillenfest.
1549. M. Augustin Quidot.
1561. M. Jacques Blot.
1570. M. Jean Huet.
1579. M. Pierre Lepicard.
1592. M. Marcouf Saulet.
1599. M. Pierre Lepicard.
1610. M. Thomas de La Perrelle.
1622. M. Michel Lemoigne.
1624. M. Colas Gibert
1626. M. Michel Lemoigne.
1630. M. Nicolas Lecornu.
1634. M. Jacques Larcher.
1636. M. Jean Lepicard, sieur d'Etlan.
1640. M. Louis Lecomte.
—   M. Jean Lefèbvre.

1643. M. Jean Lepicard de Norrey.

1653. M. Larcher des Rues.

1659. M. Guillaume Lemaigre, sieur du Ruel.

1682. M. Louis Varignon.

1688. M. Jean Saulet.

— M. Michel Eudes.

— M. Sébastien Quidot.

1693. M. Richard Blouet de Bouliesse.

1708. M. Jean Blouet.

1710. M. Jacques Lemoigne.

1712. Messire Lepicard de Norrey, capitaine de haut-bord, lieutenant-général des côtes, chevalier de l'Ordre de Saint-Louis.

1716. M. Richard Pilgrain.

1720. M. Guillaume Larcher.

1738. M. Jean-Jacques Gibert.

1739. M. Thomas Mahot.

1743. M. Marcouf-Lemaigre.

1744. M. Jean Blouet de Bouliesse.

1749. M. Marin Saulet.

1751. M. Lepicard de Norrey.

— M. Lemaigre de Loudel.

1754. M. Michel Lemaigre.

1767. M. Lepicard de Norrey.

1781. M. Lemaigre des Mesnils.

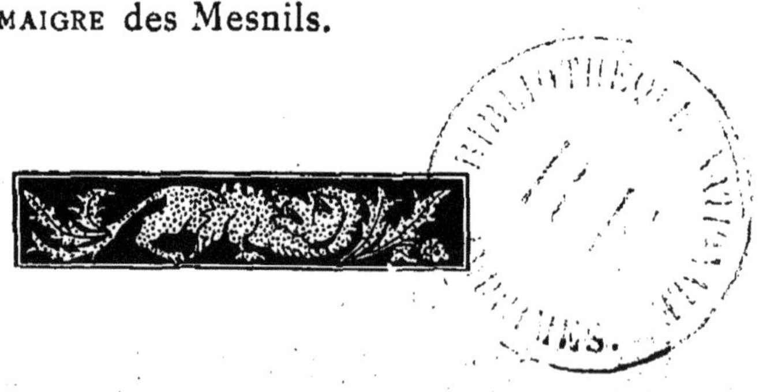

TABLE DES MATIÈRES

Saint-Amand (Cher). — Imprimere Saint-Joseph.

SAINT-AMAND (CHER). IMPRIMERIE SAINT-JOSEPH.